BULLYING

sem {BLÁ-BLÁ-BLÁ} Teen

MARCOS MEIER • JEANINE ROLIM

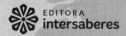

EDITORA intersaberes

Rua Clara Vendramin, 58 · Mossunguê
CEP 81200-170 · Curitiba · PR · Brasil
Fone: (41) 2106-4170
www.intersaberes.com
editora@editoraintersaberes.com.br

Conselho Editorial
Dr. Ivo José Both (presidente)
Drª. Elena Godoy
Dr. Neri dos Santos
Dr. Ulf Gregor Baranow

Editora-chefe
Lindsay Azambuja

Supervisora editorial
Ariadne Nunes Wenger

Analista editorial
Ariel Martins

Preparação de originais
Tiago Krelling Marinaska

Capa e ilustração da capa
Nelson Balaban

Projeto gráfico e letterings
Sílvio Gabriel Spannenberg

Ilustrações
Pedro Vilas Boas

Iconografia
Sandra Sebastião

Dados Internacionais de Catalogação na Publicação (CIP)
(Câmara Brasileira do Livro, SP, Brasil)

Meier, Marcos
 Bullying sem blá-blá-blá teen/Marcos Meier, Jeanine Rolim. – Curitiba:
InterSaberes, 2013.

 Bibliografia
 ISBN 978-85-8212-813-8

 1. Bullying 2. Comportamento 3. Comportamento agressivo 4. Conflito
interpessoal 5. Educação – Finalidades e objetivos 6. Indisciplina 7. Pais e professores
8. Psicologia educacional 9. Valores (Ética) 10. Violência I. Rolim, Jeanine. II. Título.

13-02744   CDD-370.15

Índices para catálogo sistemático:
1. Bullying e indisciplina: Prevenção: Educação e psicologia   370.15
2. Violência: Prevenção: Educação e psicologia   370.15

Foi feito o depósito legal.
1ª edição, 2013.

Informamos que é de inteira responsabilidade dos autores a emissão de conceitos.
Nenhuma parte desta publicação poderá ser reproduzida por qualquer meio ou
forma sem a prévia autorização da Editora InterSaberes.
A violação dos direitos autorais é crime estabelecido na Lei nº 9.610/1998 e
punido pelo art. 184 do Código Penal.

SUMÁRIO

Todas as vozes contra o bullying 7

1 **É bullying ou não é?** 9

2 Mas, afinal, alguém pode me explicar por que esse tal de bullying existe? 23

3 *Bullying é tudo igual ou existem tipos diferentes?* 31

4 A COISA FICOU SÉRIA! 35

5 Estou sofrendo bullying. O que faço? 39

6 Tenho praticado bullying contra colegas meus, mas já vi que é a maior furada! Como posso mudar? 57

7 Um amigão meu tá sofrendo bullying. Como posso ajudá-lo? 71

8 **CRiMES NAS ESCOLAS** 77

9 O que podemos fazer pra prevenir o bullying? 79

10 *BLÁ-BLÁ-BLÁS: MITOS DOS ADULTOS SOBRE O BULLYING* 89

Nossa história 101

Recomendações de leitura 113

Referências 115

TODAS AS VOZES CONTRA O BULLYING

E aí, tudo beleza com você?

Nós somos o Marcos e a Jeanine. Queremos ajudar você a se livrar dessa furada que é o bullying.

Que tal batermos um papo descontraído e cheio de dicas interessantes sobre esse problema que vem incomodando tanta gente? O que acha de ajudar pessoas que também sofrem com esse problema? Temos certeza de que você vai aprender muito sobre o tema do bullying e a debater a respeito com as pessoas próximas a você.

> Tendo em vista que esta obra tem como alvo o público adolescente, fizemos algumas adaptações gramaticais no que se refere à preposição "para" (pra, pro), ao verbo "estar" (tá) e aos pronomes oblíquos "lhe/o" (te). Este texto também conta com algumas gírias verificadas entre os jovens.

Pra escrever este livro, nós pesquisamos muito e fizemos um "resumão" bem prático com o objetivo de te ajudar a entender melhor o que é o bullying e a acabar de vez com esse problema. Toda a parte mais teórica, mais profunda, nós colocamos no livro *Bullying sem blá-blá-blá* pra adultos. Você pode lê-lo também, se quiser. Neste livro aqui, nós falaremos sobre coisas mais práticas, pois, se você tá sofrendo na escola, o melhor é parar logo de sofrer, não é? E, se tá agredindo outros, então vale a pena você saber por que isso acontece e como parar. A ideia central do livro é acabar com o bullying e ajudar os envolvidos a acharem um caminho melhor pra viver, tanto na escola como em outras áreas da vida.

Então, nosso convite é pra que você fique conosco e leia esta obra até o fim! Quando terminar, descubra como você pode contribuir pra nossas palestras e cursos sobre o bullying, pra que a gente possa ajudar muitas outras pessoas pelo mundo afora.

Boa leitura e bem-vindo à batalha contra o bullying!

1 É bullying ou não é?

Todo mundo agora fala sobre bullying. É bullying pra cá, bullying pra lá... Parece que virou moda!

De repente, toda briguinha que acontece na escola se tornou um problemão: os pais vão conversar com a direção, o aluno agressor leva uma advertência e pronto –

TÁ ARMADA A CONFUSÃO!

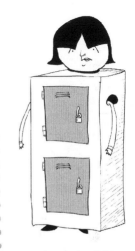

A tendência da moda para o inverno deste ano é o armário tubinho...

Então, você pode dizer: "Ah, mas eu já manjo tudo de bullying!". Será mesmo? Se alguém pedisse pra que você explicasse o que é bullying, você saberia falar sobre o assunto?

 Mas será que toda briga é bullying?

 Por que então mudaram o nome de *briga* pra *bullying*?

 Que diferença faz trocar uma palavra pela outra?

 Ficou em dúvida? Calma!! Relaxa que a gente vai te explicar tudo. Se liga nesta explicação simples e rápida:

O bullying acontece quando alguém que tem mais poder ou força agride com frequência outra pessoa, pra fazê-la sofrer. Mas tem um detalhe: o bullying nem sempre ocorre com uma pessoa agredindo outra – pode ser um grupo agredindo outro grupo ou um grupo maltratando uma só pessoa.

Marcos Meier

Traduzindo:

Bullying **NÃO** é "só" uma briga!!

Pra ser bullying **MESMO**, a "briga" tem que atender a estes três pontos:

1º PONTO
(Repetição)

As agressões físicas (socos, chutes, "cascudos") ou verbais (apelidos chatos, comentários maldosos, mentiras espalhadas nos grupos dos quais a pessoa participa) têm de acontecer mais de uma vez. **Por isso, uma briga isolada não é bullying!**

Exemplos de ações repetitivas:

 Em todas as aulas de Educação Física, a galera tira uma onda do aluno que tá acima do peso.

 Certa aluna ouve aquele apelido horroroso que ela tanto odeia **todas as vezes** que tá no pátio da escola.

 É só aquele menino fazer uma pergunta na aula que a turma o vaia. É **sempre** assim!

 Quando o professor de matemática explica um conteúdo novo, uma estudante escuta **quase todo dia** a mesma frase: "É claro que você não entendeu, né?!". Nesse caso, o bullying tá sendo praticado pelo próprio professor contra a aluna. Muitos dos autores que falam sobre esse assunto dizem que esse caso que apresentamos é de "assédio moral", e não de bullying. Mas a gente prefere classificar como bullying, pois atende ao primeiro ponto (repetição) e aos dois pontos sobre os quais conversaremos a seguir (intencionalidade e diferença de força ou poder entre os envolvidos). Se você quiser pesquisar mais sobre essas opiniões contrárias, a gente sugere a leitura de livros e/ou artigos de autores como Dan Olweus, Luciene Regina Paulino Tognetta e Cleo Fante. Todos esses autores estão nas referências ao fim deste livro.

13

2º Ponto
(Intencionalidade)

Aquele que agride tem que agredir o outro com a intenção de machucá-lo fisicamente ou psicologicamente (deixando-o triste, fazendo-o se sentir humilhado, envergonhado, isolado etc.). Por isso, atenção: às vezes, é natural que você seja "meio ogro" com alguém, mesmo sem intenção. De repente, você estava de mau humor ou algo ruim estava te chateando e você acabou "descontando" num amigo. Claro que devemos evitar, mas isso pode acontecer com todo mundo. Já aconteceu com você? Então... Nesse caso, logo percebemos que erramos e consertamos a "pisada na bola". Em resumo: se **não** houve a intenção de ferir o outro, então **não** é bullying.

Exemplos de ações intencionais:

Segunda-feira, 15 de maio

Um aluno tem seu lanche furtado quase todos os dias.

Terça-feira, 16 de maio

Um grupo de crianças belisca outra sempre que ela passa por perto.

Quarta-feira, 17 de maio

Desenhos eróticos são afixados nas paredes do corredor da escola pra humilhar certas alunas.

Quinta-feira, 18 de maio

Cartazes com fotos de macacos são colados na porta de uma sala de aula onde estudam dois meninos negros.

Tudo isso foi feito com intenção de ferir, de magoar. Então, não tem erro: é bullying!

3º Ponto
(Diferença de força ou poder/ influência entre os envolvidos)

Geralmente, a pessoa que agride tem mais poder (influência) ou mais força que a agredida. Mas fique esperto: **isso nem sempre tem a ver com altura ou peso!!**
Um cara grandão pode apanhar de um mais baixo e mais magro. A questão aqui é **a força e o poder que uma pessoa exerce sobre outra.** Quer ver? Responde aí, quietinho, só pra si mesmo: Você já tremeu só de olhar pra alguém? Se você respondeu "Sim", não esquenta: tem gente que, só de olhar, já parece mais forte que a gente... Mas não se preocupe, porque todo mundo sente isso em algum momento.

Mesmo que aquele que agride seja fisicamente mais fraco, o agredido acredita que ele pode feri-lo fisicamente ou humilhá-lo. O bullying só é bullying se aquele que agride for mais forte ou "poderoso" que o agredido.

Exemplos de maior força ou poder:

Uma menina ameaça um colega de sala, jogador de basquete, de colocar fotos dele no Facebook® dizendo que ele nunca toma banho e que tem um chulé insuportável, se ele se recusar a pagar o lanche pra ela nos recreios. O menino acredita que ela fará isso e passa a aceitar suas provocações, mesmo que a colega seja bem menor e mais fraca. Nesse caso, ela tem **poder** sobre ele.

Um grupo de amigos de uma sala provoca um aluno de outra sala – um grupo é bem mais forte que apenas um indivíduo.

Um adolescente maior e mais forte intimida uma criança pequena.

A menina mais popular da escola ameaça difamar outras duas, que são tímidas. (Apesar de ser uma contra duas, a popularidade é vista pelas tímidas como uma arma contra elas, já que a tendência é que os outros alunos acreditem na garota popular).

Um aluno é isolado por todos os outros garotos de uma turma. Mais uma vez, o grupo todo é mais forte que apenas um aluno.

17

Essas três condições (que chamamos de *pontos*) foram identificadas por um pesquisador sueco, chamado **Dan Olweus**. Ele é "o cara do momento" nas pesquisas sobre bullying. Guarde esse nome! Vamos falar sobre ele mais adiante!

Apostamos que você tá pensando:

"Hum, fica difícil saber o que é e o que não é bullying mesmo depois de saber desses três pontos!!".

Acertamos?

Então se liga nesta explicação:

Se você presenciar uma agressão e não achar **uma** das características que vimos nas dicas anteriores, então, **não** é bullying! Pra ser bullying, obrigatoriamente as três características devem estar presentes (a agressão deve ser repetida, intencional, e precisa existir diferença de força ou poder entre os envolvidos).

Olha só estes exemplos de casos que parecem bullying, mas NÃO são:

Um aluno chama outro de qualquer tipo de palavrão ou palavra preconceituosa. É uma agressão, mas, se ele chamou uma única vez, não é bullying.

Uma briga eventual (de vez em quando) não pode ser considerada bullying, pois não é repetitiva.

OMG! Olha quantos exemplos eu achei de casos que parecem bullying, mas não são!!

Se um menino baixinho se senta na sala de aula exatamente atrás de um grandalhão, o pequeno muito provavelmente vai se sentir incomodado em todas as aulas, pois não vai conseguir enxergar o quadro-negro. No entanto, o aluno maior não quer incomodar nem atrapalhar, ou seja, o incômodo não é intencional. Assim, a situação, apesar de ser diária e de causar incômodo (dor emocional), não pode ser classificada como bullying.

Um aluno derruba acidentalmente outro pela terceira vez na aula de handebol. Apesar de ser frequente e de causar dor, a situação não é intencional, afinal, num jogo de handebol, empurrar e cair faz parte do jogo! Portanto, não é bullying.

Todos os dias, um grupo de alunos chama uma menina de "magricela". Ela ri, pois não se importa de ser magra. Não é bullying, pois ela não se incomoda, não sente "dor emocional" pela atitude deles. Mas fique esperto: se ela pedir pra que eles parem, apesar de a dor não ser evidente, ela tá incomodada. Nesse caso, se o grupo continuar com as provocações, é bullying.

Um menino, todas as vezes que vê determinada menina, joga um beijinho pra ela. Ela odeia. Nesse caso, o comportamento do menino é sistemático (repetitivo: todas as vezes que encontra a menina), é intencional (ele faz o gesto porque quer fazer) e causa dor emocional à menina. É bullying? Não! Você deve estar imaginando: "Agora não entendo mais nada! Se o exemplo tem as três características do bullying, por que não é o caso?". É simples: o menino faz o que faz porque gosta muito da menina, e só por isso. Apesar de existir uma intenção, esta não é a de causar dor à garota, pelo contrário. No entanto, assim que ela disser que não tá gostando, ele deve parar. Se isso não acontecer, configura bullying, pois ele sabe que sua atitude a incomoda.

Formar grupos é normal!

Também não é bullying quando a gente forma aquelas "panelinhas" com alguns amigos específicos. Isso é só sinal de que gostamos de estar juntos dessas pessoas, de trocar ideias e fazer coisas novas com elas. Afinal, escolher amigos pra um grupo não significa excluir outras pessoas, muito menos persegui-las.

Esta é uma ideia interessante de grupo que não exclui pessoas diferentes...

Fique de olho em alguns exemplos de atitudes que podem ser bullying e que ocorrem com muita frequência. Só não se esqueça das três regras sobre as quais nós conversamos. Então, vamos lá:

Bater em alguém.

 Tirar sarro (zoar) do sotaque, do modo de ser, da roupa ou de qualquer outra característica de uma pessoa.

 Imitar o jeito com que a pessoa fala ou age.

Fazer fofocas sobre alguém.

Inventar mentiras sobre alguém.

Criar e-mails ou perfis falsos nas redes sociais, ou qualquer outra forma de espalhar opiniões mentirosas como se fossem ditas por alguém.

 Roubar objetos de alguém.

Esconder os pertences de alguém.

Humilhar uma pessoa diante dos outros.

 Destruir os pertences de alguém.

21

Xingar uma pessoa.

Preparar pegadinhas pra alguém.

Ignorar uma pessoa, excluindo-a do grupo.

Dar apelidos maldosos a alguém.

Impor brincadeiras sexuais.

> Caso um agressor queira "propor" pra você uma brincadeira que diga respeito à sexualidade, fale imediatamente que você não tá gostando e peça pra que a pessoa pare com isso. O sexo é algo muito lindo e não deve ser alvo de atitudes que possam diminuir sua beleza. Respeite seu corpo, sua sexualidade, sua vida: não permita que desprezem o valor do amor, do carinho e da sexualidade. Aqui valem os ensinamentos das vovós: "Cada coisa tem sua hora".

Obs: Todas essas agressões podem ser cometidas contra uma determinada pessoa ou contra um grupo.

Versão Hiper-Resumida

Não "troque as bolas": tem coisa que parece, mas não é! Uma briga pode não ser bullying: só é se acontecer com muita frequência, se quem feriu o outro (fisicamente ou emocionalmente) fez isso de propósito e, pra completar, só se um dos envolvidos for mais forte que o outro.

Mas, afinal, alguém pode me explicar por que esse tal de bullying existe?

Bem, vamos dar uma explicação pra que você possa entender o contexto desse problema que é chamado *bullying*. Vamos lá!

Admirável Mundo Novo

Muitas das coisas que têm acontecido na atualidade não aconteciam quando seu pai e sua mãe tinham a sua idade. Hoje, parece que a violência virou atrativo nos filmes, nos jogos de *video game* e em todo lugar pra onde a gente olha.

Repare como, sem perceber, a gente acaba torcendo pro bandido em alguns filmes. Tem gente achando que é maneiro usar uma arma na cintura e sair por aí se metendo em encrencas. E outro problema que percebemos é que o bom caráter e a honestidade estão fora de moda. Basta devolver um dinheiro encontrado no chão ou um troco recebido a mais pra ser tachado de "trouxa", afinal, alguns acham que esperteza é tirar proveito de tudo e de todos. Viu só?! A coisa tá feia, mas não é só isso, não...

Além da violência, todas as propagandas que passam na TV, que saltam nos *pop-ups* em cada *site* acessado ou nos *outdoors* por aí estão sempre nos dizendo que devemos ter o carro X, a roupa Y e mais um milhão de coisas. Com um detalhe: se pessoas não tiverem essas coisas, as garotas não serão aquelas "gatas" e os meninos não serão "os caras" – é o que a mídia diz. Resultado: um monte de gente arrasada porque não tem o "corpão" igual ao da fulana, o cabelo "tudo de bom" da *superstar* do ano, o celular mais atual ou o carro da hora.

Entre aqueles que fazem parte desse povo "de mal com a vida", todos acabam sendo mais duros uns com os outros e brigando por qualquer coisa, afinal, estão sempre irritados. Sem perceber, todos acham que ser "descolado" é fazer o que não pode e dar um "jeitinho" de se safar das responsabilidades.

Existe também esta ideia coletiva de que estamos competindo o tempo inteiro, que **TEMOS** de ser os melhores **SEMPRE** e que não podemos aceitar que alguém nos supere de vez em quando. Ganhar é bom, claro, mas ninguém ganha sempre, e isso é absolutamente normal, não é uma fraqueza ou problema. Afinal, a vida não é uma cena do livro *Jogos vorazes* (Collins, 2010), em que só sobrevive quem ganha.

Existe uma área da Psicologia, chamada *Psicologia Moral*, que dá uma boa explicação pra existência do bullying. Ela diz que os agressores são pessoas que não conseguem ver o valor que elas mesmas têm e tentam, de forma errada, diminuir os outros pra poderem se sentir maiores ou melhores. É uma inversão nos seus valores, pois essas pessoas não conseguem perceber nem se entristecer com a dor das outras pessoas.

Viu só como descobrir a origem e as razões do bullying dá um trabalhão? Tudo isso acaba favorecendo o aumento do problema. Então, vamos em frente pra descobrir ainda mais!

DE OLHO NO RETROVISOR: COMO O BULLYING NASCEU?

Além de pensar no que faz o bullying acontecer hoje, a gente precisa dar uma olhadinha no retrovisor e ver como ele surgiu lá atrás, no passado. Você, por acaso, acha que ele sempre existiu? Se a sua resposta foi "Sim", você acertou – o bullying sempre existiu na história da humanidade. Mas não se engane: até pouco tempo atrás, esse fenômeno não tinha recebido o nome que tem hoje e não era pesquisado como é na atualidade; não havia livros como este aqui, por exemplo.

E nós precisamos lembrar também que a mídia não foi sempre como é: não havia telejornais falando sobre o assunto; aliás, não havia nem televisão! Dá pra imaginar um homem da caverna, todo barbudão, com um *notebook* no colo, acessando o Facebook® ou, ainda, em volta da sua fogueirinha com um *tablet* ou um iPod? Não, né?! Mas, se fosse assim na Idade da Pedra, com certeza haveria relatos de bullying desde os primeiros séculos da humanidade. Sabe por quê? Porque **o ser humano tem uma tendência a formar grupos conforme suas semelhanças.**

Fácil de entender: basta pensar em você – se você curte *rock*, vai ser meio complicado andar com a galera que gosta do sertanejo... Você vai acabar não curtindo muito o tempo ao lado dessas pessoas, mas nem por isso precisa humilhá-las ou agredi-las. Quando essas diferenças são desrespeitadas constantemente, intencionalmente e com o desejo de ferir um ou mais componentes de um dos grupos, o bullying acontece.

Agora, vamos combinar, agredir alguém só porque é diferente é muita bobeira!! Se fosse assim, a girafa e a zebra deveriam estar em um ringue do UFC! É uma situação muito triste, mas há pessoas que não suportam as diferenças.

Percebendo tudo isso, lá nos anos de 1970, Dan Olweus (aquele sueco de quem a gente já falou, lembra?) começou a estudar esse fenômeno, que, mais tarde, recebeu o nome de *bullying*. Daí em diante, muitos pesquisadores de todo o mundo têm se dedicado a entendê-lo e explicá-lo, além de buscar formas de preveni-lo.

Versão Hiper-Resumida

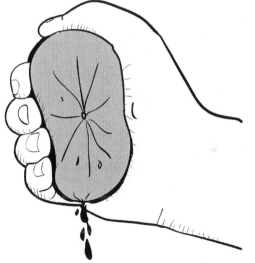

A gente se aproxima de alguém porque se acha parecido. Quando não respeitamos a diferença, pisamos na bola! É assim desde a Idade da Pedra. Mas, na atualidade, a violência, a competição e a falsa esperteza estão bem mais na moda que naquela época. Pena! Se diferença fosse problema, a girafa e a zebra quebrariam o pau no UFC!

3 Bullying é tudo igual ou existem tipos diferentes?

Bullying não é tudo igual, não! Podemos dividi-lo em dois tipos principais: direto e indireto.

Bullying direto

A pessoa que tem a intenção de causar dor é quem pratica a agressão. Ou seja, nesse tipo de bullying, o agredido sabe exatamente quem lhe bateu, quem o xingou, humilhou, imitou, apelidou de forma maldosa etc.

Bullying indireto

No bullying indireto, a pessoa agredida não sabe exatamente quem é o agressor, pois ele pode pedir que outra pessoa xingue, provoque ou humilhe.

Mas não acaba por aí: pode ser ainda que a agressão aconteça na internet, sendo, nesse caso, chamada de *cyberbullying*, ou *bullying virtual*.

DANDO UM ZOOM NO CYBERBULLYING

O cyberbullying acontece quando as ações negativas sobre as quais falamos acontecem virtualmente, ou seja, uma pessoa ou um grupo xinga, humilha, provoca e fala mentiras a respeito de outra (ou de outro grupo) através de *e-mails*, de *sites* de redes sociais ou por mensagens pelo celular.

CYBERBULLYING: NÃO HÁ ONDE SE ESCONDER

As agressões vão desde fotos vergonhosas (ou montagens), vídeos publicados pra que todos vejam e riam de alguém, mensagens ofensivas, até informações pessoais reveladas ao público. Tudo geralmente é feito por meio de perfis e contas de *e-mail* falsos.

Mas o que os agressores que usam esse recurso esquecem é que todos os computadores do mundo têm um número chamado *IP*. Esse número corresponde à carteira de identidade de uma pessoa (o RG); com esse dado, caso a pessoa ofendida preste queixa na delegacia, a polícia pode localizar, fácil, fácil, o país, a cidade, o bairro, a rua e a residência de onde a agressão foi postada. Em outras palavras, quem fizer esse tipo de bobagem tá brincando com fogo!!

Você quer acabar com o bullying virtual? Aí vai a melhor dica: selecione e delete essa bobagem da sua vida!! Use a rede pra postar, curtir e compartilhar coisas boas, pra aprender outros milhares de coisas e manter-se em contato com amigos do mundo todo. Isso sim é a maior curtição!!

Versão Hiper-Resumida

Bullying direto, bullying indireto e cyberbullying. Três variações da mesma furada. Fuja disso, no mundo real e no virtual!

Pra quem acha que bullying é bobagem e "não dá nada", aí vai uma notícia: **o bullying é proibido pela Constituição Federal do nosso país!** Veja só este trecho do documento:

> Art. 5º:
> [...]
> Todos são iguais perante a lei, sem distinção de qualquer natureza, garantindo-se aos brasileiros e aos estrangeiros residentes no País a inviolabilidade do direito à vida, à liberdade, à igualdade, à segurança e à propriedade, nos termos seguintes:
> [...]
> X – são invioláveis a intimidade, a vida privada, a honra e a imagem das pessoas, assegurado o direito a indenização pelo dano material ou moral decorrente de sua violação;
> [...]
> XLI – a lei punirá qualquer discriminação atentatória dos direitos e liberdades fundamentais;
> [...] (Brasil, 1988)

Você percebe como esse artigo tem uma importância enorme pro combate ao bullying? Não? É muito simples: o artigo 5º da Constituição Brasileira exige que a individualidade de cada cidadão seja respeitada e promete punição a qualquer um que desrespeite as diferenças entre os indivíduos.

35

A Constituição de 1988 é um conjunto de leis federais, ou seja, ela diz respeito ao nosso país como um todo. Mas e quanto aos estados e municípios? Bem, nós já temos um grande avanço, porque há vários municípios e estados que têm suas próprias leis antibullying. Se você perguntar ao "Santo Google", achará vários casos em que a Justiça brasileira agiu seriamente contra esse grave problema.

Então, você pode perguntar: "Mas como eu reúno provas pra acabar com a agressão que estão praticando contra mim ou contra um amigo?". Vamos usar um exemplo de ciberbullying, ok? Nesse caso, a vítima só precisa de um "Print Screen" de imagens que comprovem as agressões feitas via internet (lembrando, claro, que a ação do agressor deve ser repetida). As imagens bastam como prova da violência cometida, e aqueles que cometeram esses atos horrorosos sofrem

> É como se fosse a "impressão" de imagens que aparecem na tela do seu computador.

consequências nada agradáveis.
"Mas que consequências são essas?",
você deve estar se perguntando.
Bom, o agressor pode ser obrigado
judicialmente a pagar indenizações
(nesse caso, normalmente são os
pais que "pagam o pato") ou
a prestar serviços comunitários.
Não é pouca coisa, não!!

O bullying é mesmo uma furada!
Não vale a pena!

Versão Hiper-Resumida

Recado pra quem comete
bullying: *todo mundo deve ter
sua individualidade respeitada*!!
Fiquem espertos, porque aquele que
pratica o bullying pode se meter em
encrencas da pesada – pagamento de
indenizações, prestação de serviços
comunitários... Sem falar que os pais
do agressor podem ser envolvidos
injustamente. O melhor a se fazer
é não cometer essa burrada, né?!

Estou sofrendo bullying. O que faço? 5

Como já dissemos em vários momentos da nossa conversa, você tá sofrendo bullying se estiver sendo agredido ou humilhado repetidas vezes por alguém que faz isso intencionalmente e que tem mais força e influência que você.

E agora, o que fazer pra se livrar disso?

Vamos dar algumas dicas que podem ajudá-lo muito. Preste atenção!

A primeira coisa que precisa vir à sua cabeça é que você é o único no mundo todo que sabe quem você realmente é. Ninguém, por mais que o conheça, pode dizer que você é isso ou aquilo, porque essa pessoa não consegue ver dentro de você, não viveu tudo o que você viveu até o dia de hoje, não tem a cabeça igual a sua. Enfim, ela não é você!!

Espelho, espelho meu...
Não precisa dizer nada, sei muito bem quem sou eu.

Além disso, a gente se engana com as pessoas. Com certeza, você já passou por essa situação: conheceu alguém que parecia ser o maior "mala" (das sem alça, sem rodinhas e sem zíper!!), um daqueles chatos de quem você quer estar no mínimo a 2 quilômetros de distância. Mas o tempo passa e você vai conhecendo "o(a) figura" e logo se pega pensando: "E não é que o cara (a menina) é gente boa mesmo?!". E então, isso já aconteceu com você? Sim? Com a gente também, e provavelmente com todo mundo!

Isso ocorre porque é impossível conhecer totalmente alguém a ponto de sentir como ele sente, de ver o mundo como ele vê, de pensar como ele pensa. Im-pos-sí-vel!

Mesmo sabendo disso, muitas vezes acreditamos naquilo que as pessoas dizem sobre nós. Achamos mesmo que não temos tanto valor ou que somos inferiores aos outros. Chegamos, às vezes, ao cúmulo de acreditar que merecemos as ofensas e agressões que sofremos. Não fique assustado se isso tem acontecido com você. É comum. Mas ser comum não significa que seja bom!! Você não precisa (e não deve!) se conformar com isso. Estamos aqui pra lembrá-lo de que você **não merece** ser agredido, humilhado ou rejeitado por outras pessoas. Ninguém merece isso!!! Você é **muito valioso**, é uma pessoa única no mundo todo. Existem pessoas que te amam e querem te ver feliz, realizando seus sonhos. Elas acreditam em você! Acredite em você também! Lute contra essa ideia de que vale menos que os outros.

Portanto, se alguém anda dizendo coisas por aí sobre você que não são verdadeiras, a primeira coisa a pensar é: "Isso não é verdade!! Eu sei que não sou do jeito que ele(a) diz. Não vou deixar essas mentiras me chatearem. Vou fazer o cara parar".

Você não é o que ele diz! Você tem de fazer esse cara parar!

No momento que a agressão acontecer, tente esfriar a cabeça. Ninguém tem sangue de barata, e ser ofendido deixa qualquer um meio fora da casinha, morrendo de raiva e com muita vontade de reagir. Mas essa é a maior bobagem que você pode fazer, por um simples motivo: é exatamente o que a pessoa que lhe agrediu espera que você faça, pois ela quer fazer *show* e mostrar aos outros todo o poder que tem sobre você.

Portanto, nada de reagir imediatamente! Por mais que fique "roxo" de vontade, não devolva os golpes físicos que recebeu nem revide as provocações. Pare, respire bem fundo e dê uma saidinha pra esfriar a cabeça e controlar a sua raiva, assim você não irá demonstrá-la. Se sentir que precisa, converse com outra pessoa sobre o que aconteceu (como um amigo, por exemplo). Mas, se preferir, fique sozinho nesse momento e "volte para os trilhos" antes de tomar qualquer atitude.

Fala com a minha mão, cara!

Muito bem! Depois de sacar que o único *expert* em você é você mesmo e de dar uma refrescada na cuca, o próximo passo é falar com quem tá agredindo. Ou seja, você deve tentar mostrar que não tá gostando da atitude do sujeito e dizer isso a ele. Além disso, você deve avisá-lo de que irá falar com os professores, com o diretor da escola e com seus pais caso o bullying continue.

Atenção!!

Se o sujeito que tá praticando bullying contra você tiver fama de briguento, bandido, ou se ele já machucou alguém seriamente, então você **não** precisa falar com ele primeiro. Procure ajuda de seus pais ou professores imediatamente.

Continuando:

Nós sabemos que você deve estar aí pensando: "Ah, mas não é tão fácil assim". É verdade, você tá certo. Falar algo difícil a alguém que nos causa medo exige muito da gente, mas acredite: você consegue! O segredo principal é a **assertividade**. Parece uma palavra simples, mas ela esconde um segredinho: a ideia é falar de forma afirmativa — que é o mesmo que assertiva, daí vem a palavra *assertividade*. Uma pessoa assertiva fala de forma clara e direta o que é necessário à outra sem magoá-la, atacá-la ou causar constrangimentos. Em outras palavras: é atacar o problema, e NÃO a pessoa. Vamos dar alguns exemplos de como algumas coisas difíceis poderiam ser ditas de forma assertiva e de forma não assertiva, pra você perceber a diferença. Dê uma olhada no quadro a seguir.

Frases assertivas (Atacam o **problema**)	**Frases não assertivas** (Atacam a **pessoa**)
Não gosto quando você me chama de "gordo".	Pare de me chamar de "gordo", seu chato!
Dói muito quando você me dá tapas na cabeça. Pare de fazer isso.	Você é um grosso! Pare de me bater!
Já pedi pra vocês pararem de me provocar. Se vocês continuarem, vou ter que falar pra direção.	Vocês são surdos? Já pedi pra pararem de me provocar. Vou contar pra direção!
Nunca bati em vocês e também não provoquei. O que vocês estão fazendo comigo me incomoda muito e dói. Estou pedindo pra que vocês parem.	Vocês me batem e me incomodam só porque não conseguem usar a inteligência. Usem o cérebro, e não os músculos.
Algumas coisas que você faz me irritam.	Você é irritante.
Quando você cospe perto de mim, eu fico com nojo. Por favor, pare de fazer isso.	Você é nojento, pare de ser porco.
Fiquei muito chateado quando você falou pra turma que eu gosto daquela menina.	Traidor! Você me sacaneou falando pra sala que eu gosto daquela menina.
Pare de me imitar. Não sou assim, como você faz.	Macaco bobalhão, pare de me imitar.
Não me empurre, não gosto disso.	Estúpido! Pare de me empurrar.
Devolva meu lanche. É meu, não seu.	Ladrão!
Professora, sei que a senhora já explicou três vezes, mas eu ainda não entendi.	Professora, a senhora não explica direito, não estou entendendo nada.
Sua camisa tá com um cheiro que me incomoda.	Que fedor você tem!
Amigo, seu hálito tá forte.	Que bafo de onça!
É a terceira vez que você me interrompe empurrando minha cadeira. Por favor, pare.	Não me encha o saco com esse pezão desengonçado. Ponha seu pé na sua carteira, não na minha.
Não gosto quando você me chama de "idiota", porque eu não sou.	Idiota é você!

Sabemos que a primeira impressão é que ser educado não dá muito resultado nessas horas, mas veja só o que acontece quando você é assertivo:

Peço mui humildemente que cesse suas agressões de imediato. Suas bravatas me deixam assaz acabrunhado!

- Quem agride fica avisado que tá incomodando.

- Você não revidou as provocações do agressor batendo nele ou xingando-o, por exemplo. Então, ele não poderá dizer que você o imitou quando essa história chegar aos ouvidos dos outros (principalmente da direção da escola e dos pais dele).

- Você terá feito algo por si mesmo em sua defesa, antes de ter ajuda de outros. Quando tudo isso acabar, você vai sentir que fez parte da solução, o que é importante pra que se sinta capaz de se defender, mesmo que, numa segunda etapa, você precise que alguém interfira.

Dizer a um agressor que as atitudes dele não te agradam é uma coisa muito difícil de ser feita. Entendemos você. É natural que sinta medo de que as coisas piorem ainda mais ou de não conseguir ser claro na frente do indivíduo ou do grupo. Então, pra ajudar, preparamos algumas **dicas práticas de como falar com quem o agride:**

Respire bem fundo antes de ir em direção ao agressor e lhe dizer que não tá gostando do que ele tá fazendo. Ou seja, não aja num momento de explosão, controle ao máximo sua raiva.

Somente vá até quem o agride quando você estiver perto de outras pessoas, **nunca** sozinho. Assim, você terá testemunhas de que não cometeu os mesmos erros do agressor.

Olhe só pra ele, bem nos seus olhos. Isso te ajudará a não se distrair nem sentir vergonha dos colegas que estiverem por perto.

Assim que terminar de dizer o que precisava, afaste-se. Não dê ouvidos a respostas ou provocações. Sua "missão" era ir e dizer que não tá gostando e que tá chateado com a situação. O resto virá com os próximos passos mencionados a seguir.

Então, relembrando: diga ao agressor que não tá gostando das provocações e avise que vai pedir ajuda aos professores, ao diretor da escola e aos seus pais, caso o bullying continue. Fazer isso vai mostrar a ele o valor que você tem. E você tem! Não se esqueça disso!

Bem, depois de dizer a ele como se sente de forma assertiva, você vai continuar sua vida normalmente. Apenas tome o cuidado de não andar muito sozinho pela escola ou bairro. Cuidado nunca é demais!

Assim que você seguir esses passos, duas coisas podem acontecer: as agressões vão parar ou vão continuar.
Se pararem, é porque aquele que o agredia pensou melhor nas próprias atitudes e resolveu mudar. Ótimo! Mas, caso as agressões voltem a acontecer, você precisa agir de forma diferente e cumprir o que prometeu a ele. Veja os novos passos que deverão ser seguidos:

1 Uma das coisas que mais ajudam aquele que agride é o silêncio de quem tá sendo agredido. Por medo de ameaças, quando o agressor diz "Se você falar com alguém, eu te mato!", muitos deixam de contar aos pais e professores o problema que tá acontecendo, fortalecendo a atitude errada daquele que incomoda você. Não caia nessa furada! Procure seus pais, um professor de sua confiança ou a coordenação e direção de sua escola e relate tudo o que aconteceu. Conte que, na primeira vez que foi agredido, você disse como se sentia e avisou que iria procurar ajuda caso o problema se repetisse. Peça-lhes que algo seja feito; assim, quem o agrediu saberá que você cumpriu o que disse que faria e que a pressão que ele queria fazer sobre você não funcionou.

2 Talvez você ache que não vale a pena criar problemas e incomodar seus pais, que eles ficarão bravos com você e não com quem o agrediu ou que o bullying vai acabar porque você mudará de escola, por exemplo. Tudo isso são desculpas que criamos dentro de nós pra não termos que encarar o problema. Saia dessa! Queremos te encorajar a tentar porque temos certeza de que valerá a pena!

3 Lembra que dissemos, há algumas páginas, que a fala é uma poderosa aliada? Pois agora é hora de usá-la novamente! Quando contamos a alguém sobre o que sentimos e vivemos, nosso pensamento se organiza e, apesar de estarmos falando com outra pessoa, quem começa a entender melhor o que tá acontecendo somos nós. Por isso, muitas vezes estamos perguntando algo pra alguém e, antes que esse alguém responda, nós mesmos respondemos. Então, a pessoa ri e nos diz: "Ué, então por que perguntou?". Apostamos que isso já aconteceu com você!

Mas atenção: se, mesmo depois de falar com quem tá te agredindo, as agressões continuarem acontecendo, o melhor a fazer é procurar um adulto. Você também pode falar com seus amigos, claro, e isso é muito bom! Mas será seu pai, sua mãe, seu responsável ou alguém da equipe da escola que poderá ajudá-lo de forma mais eficaz nesse momento. Isso porque seus amigos provavelmente não têm a autoridade que esses adultos terão pra tomar as providências necessárias, como chamar os pais de quem tá agredindo você pra uma conversa, por exemplo. Mesmo que não seja algo que você faça com frequência, esforce-se e abra o jogo com seus pais. Eles o amam e certamente o ajudarão a sair dessa!

Cansei de ver esse filme...

Pode ser que as coisas que a gente vai dizer a seguir pareçam impossíveis pra você. Mesmo assim, deixe a gente ajudá-lo com algumas dicas práticas.

1ª DICA:

Não estranhe se, ao tentar falar com um adulto, suas mãos suarem, suas pernas tremerem e sua voz empacar. São apenas sinais do seu corpo dizendo que isso não é moleza. E não é. Mas acredite: você consegue!

2ª DICA:

Escolha o momento certo. Não adianta tentar contar uma coisa dessas à sua mãe no momento em que ela tá com o almoço no fogo, com sua irmãzinha chorando no berço e com seu pai quase chegando com as visitas. Espere até que surja um momento de tranquilidade, no qual o adulto possa te escutar e dar a atenção que você merece.

3ª DICA:

Quando começar a falar, você pode dizer, já "de cara", que é difícil pra você fazer isso, que tá constragido e envergonhado. Isso ajudará o adulto a perceber que é algo importante.

4ª DICA:

Não esconda nada. Mesmo que pareça muito terrível o que você tem que contar, conte toda a história. Conte a seus pais ou professor sobre tudo o que de fato aconteceu, até mesmo as vezes em que você revidou, caso isso tenha ocorrido. Esses detalhes podem ser importantes pra que o adulto tome as medidas mais corretas. Portanto, não deixe nada embaixo do tapete!

5ª DICA:

Como já dissemos antes: não desista! Se não der certo da primeira vez, tente novamente, com a mesma pessoa ou com outro adulto no qual você confia. Lembre-se de que vencer o bullying depende desse seu passo de coragem. Você consegue!

Depois de tudo, invista em amizades legais com quem você possa conversar, brincar, divertir-se e até mesmo estudar. Ajude e saiba receber ajuda. Isso cria vínculos que podem durar anos.

Depois de ver todas essas dicas, vamos testar os seus conhecimentos sobre o que **NÃO** deve ser feito em casos de bullying no programa "Fique Ligado".

Correr pra me matricular na aula de jiu-jítsu, caratê ou outra arte marcial.

Acredite: isso não vai resolver seus problemas! Você precisa, antes de qualquer coisa, usar a palavra como o seu recurso mais poderoso, dizer a quem o agride o que sente e, em seguida, aos seus responsáveis (professores e pais).

FIQUE LIGADO!

Usar a filosofia do "bateu-levou".

Esse é o melhor jeito de tornar sua vida um verdadeiro ringue do UFC. Fuja disso!! Usar a mesma arma (a violência) é tornar-se exatamente igual àquele que o agride. Use a cabeça e converse com o agressor e, se não resolver, com um adulto!

> Pedir aos meus pais pra me mudarem de escola logo no começo dos problemas.

Lembre-se de que é importante pra cada um de nós a sensação de termos ao menos tentado resolver nossos problemas. Por isso, não comece logo desistindo, porque as agressões podem voltar a acontecer na nova escola. E aí, o que você vai fazer? Se, depois de você comunicar o caso de bullying à direção da escola, seus pais optarem por matriculá-lo em outro colégio, a decisão é deles e você deve acatar. Mas, antes disso, tente resolver. Há meios pra isso, e vários deles estão nesta leitura que você tá fazendo agora.

> Desistir de falar com um adulto se alguma das pessoas que poderiam me ajudar apenas me disser: "Ah, deixa isso pra lá! Logo, logo os problemas vão parar!".

Não faça isso! Procure outra pessoa que lhe dê mais atenção e conte tudo outra vez. O bullying pode não acabar sozinho, e você não pode continuar sofrendo enquanto poderia estar recebendo a ajuda de que precisa. Coragem, comunique-se!!

Versão Hiper-Resumida

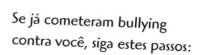

> Esta versão hiper-resumida não dava pra ser tão resumida assim. Sorry!

Se já cometeram bullying contra você, siga estes passos:

1. Tenha claro na cabeça quem você é e o quanto você vale (muito!!).

2. Esfrie a cabeça, não invente de "explodir" na hora.

3. Depois de se acalmar, procure quem te agrediu pra conversar. Nunca faça isso longe de outras pessoas, tenha testemunhas. **Atenção**: esqueça essa ideia de falar com o agressor se o sujeito tiver fama de violento ou bandido!!

4. Seja assertivo nas palavras!

5. Depois de falar com o agressor, procure um adulto e conte tudo. Se não funcionar com a primeira pessoa, procure outra até dar certo.

6. Mesmo que você tenha muita vergonha de falar tanto com a pessoa que te agride quanto com alguém responsável que pode te ajudar, faça um esforço, tente seguir as dicas deste capítulo e acredite em você. Lembre-se: aprender artes marciais ou mudar de escola já "de cara" não são boas ideias!

Tenho praticado bullying contra colegas meus, mas já vi que é a maior furada! Como posso mudar?

Talvez você não esteja sendo agredido nem se sentindo humilhado pelos colegas, mas, ao invés disso, você é quem tem causado algumas situações bem chatas a alguém com a intenção de causar dor física ou tristeza, e tem feito isso com frequência.

Se isso tá acontecendo, a primeira coisa que queremos dizer pra você é que nós não escrevemos este livro pra julgar as pessoas por suas atitudes. Não somos policiais, detetives ou acusadores. Somos apenas um casal de educadores querendo ajudar você. Então, fique com a gente, continue a leitura e você verá que é possível mudar essa história. Vamos lá?!

Que tal pensarmos juntos sobre alguns pontos? Pra começar, preparamos um pequeno questionário, e a gente gostaria que você respondesse com muita honestidade. Lembre-se: isso é algo só seu. Então, você pode responder em silêncio, pra si mesmo. Ninguém precisa saber. Mas seja sincero!

1 Você planeja mentalmente formas de agredir alguém e depois coloca esse plano em prática?
a) Sim, já fiz ou faço isso.
b) Nunca faço isso.

2 Quando você bate, insulta ou provoca alguém, como se sente?
a) Sinto-me bem, pois a dor é do outro, não minha.
b) Sinto-me muito mal.

3 O que você pensa a respeito das agressões que comete contra alguém?

a) Sei que não devo agredir, mas não acho que seja um problema tão grande assim.

b) Sei que é errado e já decidi parar.

4 Quando você agride alguém na frente de colegas seus, eles riem e admiram sua coragem. Isso faz com que você se sinta:

a) feliz; pois gosto quando me admiram.

b) mal, porque não gosto que me incentivem a continuar.

5 Você agride e seus colegas te seguem, imitam suas atitudes. Isso faz você se sentir:

a) muito bem; não me preocupo com quem eu agrido, pois meus amigos gostam de mim do jeito que eu sou.

b) com medo de ser um mau exemplo pra outras pessoas.

SE VOCÊ ESCOLHEU A ALTERNATIVA "A" PRA ALGUMAS DESSAS REFLEXÕES, ENTÃO VOCÊ TEM UM FORTE ESPÍRITO DE LIDERANÇA, MAS TÁ NO CAMINHO ERRADO!

Temos estudado muito sobre o bullying e, em todas as nossas pesquisas, percebemos que aqueles que agridem o outro geralmente são pessoas que a galera curte, rapazes ou garotas "superdescolados", líderes por natureza na maioria das vezes. Eles falam, todo mundo topa. São garotos e garotas que adoram uma plateia. Isso mesmo, eles acham o máximo ter gente vendo o que eles fazem, ter pessoas sempre ligadas neles, literalmente assistindo as suas vidas. Quando fazem algo diante dos outros, sentem-se quase como artistas sendo aplaudidos ao fim de um *show*. E o mais incrível: eles atraem naturalmente essa "plateia".

Se você é assim, a primeira coisa que queremos é te parabenizar – você tem um dom incrível de conquistar as pessoas naturalmente. Esse jeito de ser recebe o nome de *carisma*, e muita gente adoraria ter essa qualidade. Você sabia que o carisma e esse perfil de liderança que você tem são comuns em grandes líderes do mundo todo? Presidentes de países, grandes esportistas, cantores e tantas outras autoridades das mais diversas áreas nasceram exatamente assim, como você!

Mas tem uma diferença aí...

Muitos desses líderes natos usaram todo esse potencial pra fazer coisas boas, crescer, mover multidões em direção a algo bacana e, muitas vezes, pra ajudar nações inteiras! Portanto, mude imediatamente de direção!

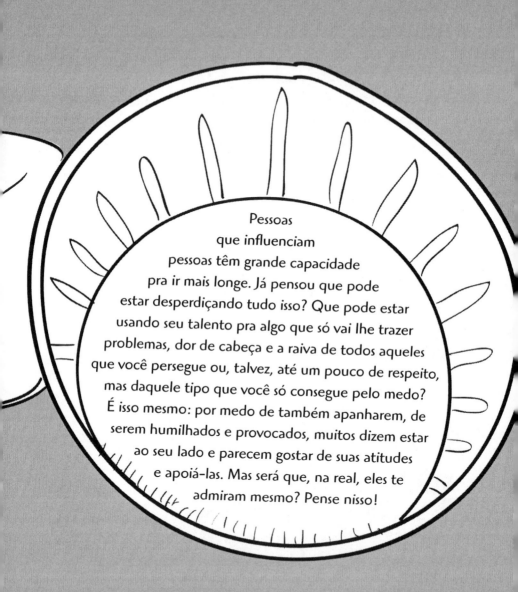

Pessoas que influenciam pessoas têm grande capacidade pra ir mais longe. Já pensou que pode estar desperdiçando tudo isso? Que pode estar usando seu talento pra algo que só vai lhe trazer problemas, dor de cabeça e a raiva de todos aqueles que você persegue ou, talvez, até um pouco de respeito, mas daquele tipo que você só consegue pelo medo? É isso mesmo: por medo de também apanharem, de serem humilhados e provocados, muitos dizem estar ao seu lado e parecem gostar de suas atitudes e apoiá-las. Mas será que, na real, eles te admiram mesmo? Pense nisso!

Não precisamos que todos gostem de nós o tempo todo ou que admirem as coisas que a gente faz ou diz, assim como não precisamos arrancar aplausos e assovios como se estivéssemos num palco. Nem mesmo os "famosões" do mundo *pop* arrancam suspiros da galera 24 horas por dia. Na maior parte do tempo, eles são apenas eles mesmos – pessoas que têm qualidades maravilhosas, mas que também erram, que não são perfeitas nem adoradas o tempo todo. Eles são exatamente como eu e você. A vida não é um *reality show*, meu amigo, preste atenção! Não tem uma multidão te assistindo toda hora, de olho em tudo o que você faz, pra decidir se vota ou não em você. Relaxe e viva a sua vida numa boa!

O homem das multidões

Enquanto pensa em tudo o que conversamos, dê uma olhada nestas dicas que preparamos pra que você construa um novo "eu":

- Canalize todo esse seu potencial incrível pra uma atividade que você curta e tenha orgulho de fazer. Quer exemplos? Aí vai:
    - seja líder do time de futebol, de vôlei ou de qualquer outro esporte que você goste;
    - convide alguns amigos pra organizar um campeonato de *video game*, RPG, atletismo, xadrez ou outro jogo que seu grupo curte;

✖ forme um grupo de teatro – escreva peças com a ajuda de seus amigos e lidere os ensaios;

✖ monte um projeto de festival de talentos na sua escola, apresente-o a seus professores, pedindo autorização à direção, e convide amigos pra ajudar na organização do evento, nas inscrições e em tudo o mais que irá rolar no dia "D": você pode ser o "mestre de cerimônias" e apresentador de cada atração;

✖ organize uma "Noite de Oscar" – um concurso de vídeos de 1 minuto feitos com aparelhos celulares.

ACHOU NOSSAS IDEIAS IRADAS OU NÃO? CONTA AÍ, QUAIS SÃO AS SUAS?

● Leve um papo com os amigos que estão sempre com você. A turminha com que você tá sempre junto, sabe? Conte seus planos, essas ideias todas que mostramos. Não esqueça: você é um líder e eles estão atentos às suas ideias, então, aproveite isso. Convide-os a encarar esses projetos com você!

● Esforce-se pra não cair na tentação de usar seu carisma pra coisa errada. Lembre-se sempre dos grandes líderes e pense que você pode ser um deles um dia. Depende do que você fizer com esse dom que possui. É melhor passar despercebido, sem magoar ninguém, que ter uma multidão te assistindo ao fazer coisas ruins. Como você gostaria que seus colegas se lembrassem de você daqui a 5 anos? Pense nisso!

Exercite mais vezes a sua mente na tentativa de se colocar no lugar do outro. Isso vai parecer esquisito no começo, mas, acredite, funciona! Pense em como você se sentiria sendo humilhado diante de todo o seu colégio ou de amigos do prédio ou bairro em que você mora. "Tirar um sarrinho maldoso" de alguém, cutucar, bater, sacanear, essas coisas não levam a nada...

Lembre-se de que não devemos fazer aos outros aquilo que não queremos que façam com a gente. A pessoa a quem você tem humilhado, provocado e, talvez, até agredido fisicamente tem se sentido envergonhada diante dos outros, triste por imaginar que é motivo de gozação de toda a turma ou do colégio. Ela sente medo o tempo todo de que aconteça novamente...

Você faz ideia do que é sentir medo o tempo todo? Isso é bizarro! A cabeça não descansa nunca, sempre à espera do pior. A pessoa perde a vontade de estudar, de ir à aula e às vezes até de comer – o que pode deixá-la doente de verdade. Então, diz aí: você iria curtir sentir-se assim? Mais ainda: você curte deixar alguém desse jeito?

Se ainda não falou com nenhum adulto sobre essa dificuldade que você tá tendo em parar de provocar os outros, é hora de fazer isso! Procure alguém em quem você confia e seja sincero, conte tudo o que sente e pensa quando as agressões acontecem; fale da vontade (e até necessidade, em alguns casos) de provocar, maltratar e ofender alguém. Se você confia nessa pessoa, é porque ela o ama e estará disposta a ajudá-lo nesse caminho de mudança. Falar é preciso e, acredite, será milagroso!

AQUI VALE UMA ORIENTAÇÃO IMPORTANTE:

Pode acontecer de você tentar falar com alguém e isso não dar muito certo na primeira vez. Por exemplo: você cria coragem pra abrir o jogo e resolve procurar a sua mãe, afinal, ela o ama muito e quer sempre ajudá-lo. Mas, de repente, naquele dia, ela tá cheia de "pepinos" do trabalho ou preocupada com sua irmãzinha caçula, que tá doente. Lembre-se de que cada pessoa tem seu mundo e, nele, mil coisas que precisa resolver; portanto, não a culpe por isso. Pense em outra pessoa a quem poderia pedir ajuda e a procure. Não desista de falar. Isso fará toda a diferença pra você!

○ Decida não sair mais por aí fazendo o que dá na telha. Você é inteligente demais pra isso!! Use todo esse peso que carrega aí sobre o pescoço e reflita sobre as consequências horríveis que o bullying pode lhe trazer.

○ Só pra começar: você vai receber advertências na escola, seus pais ficarão muito chateados com você, os colegas irão ver que você entrou numa furada "daquelas"... Essas advertências podem se tornar uma expulsão – um "convite" pra que você se retire da escola. E aí, o que acontece? Humilhação na frente de todos, além da perda de seus amigões e do recomeço numa outra escola. Dependendo do modo como o(s) colega(s) agredido(s) reagir(em) às suas provocações, você pode ter até de prestar contas à Justiça. Isso mesmo! Se as humilhações foram via cyberbullying, por exemplo, e as pessoas agredidas deram um "Print Screen" na tela, elas podem até registrar queixa em uma delegacia, e você, juntamente com seus pais, será chamado a depor e, provavelmente, sofrerá consequências! Resumindo: saia fora dessa enquanto é tempo!

Habitue-se a falar com alguém sobre as coisas que te chateiam. Pode ser um amigo, seus pais, um tio ou primo, qualquer pessoa, desde que seja alguém em quem você confie. Fale desde as pequenas coisas, como uma nota baixa ou um "não" que recebeu de seus pais pra algo que você queria muito. Fale, mostre sua tristeza, indignação e até mesmo raiva. Quando guardamos essas coisas ruins dentro da gente, elas podem sair na hora errada e do jeito errado, fazendo um estrago muito maior.

Se abrir o jogo é algo complicado pra você, comece aos poucos, mas não deixe de tentar! Inicie falando algumas coisas de vez em quando e vá aumentando a frequência de conversas com o tempo, até que consiga fazê-lo naturalmente, sem ir dormir com nada entalado na garganta. Você verá o alívio que isso trará!

Tenha isto em mente: todos nós somos diferentes uns dos outros. Não há clones seus nem de ninguém andando por aí. Isso quer dizer que não temos o direito de criticar, rir, humilhar e excluir pessoas ou ter qualquer outro comportamento agressivo do gênero por causa das diferenças. Nem mesmo contra aquele que todo mundo considera o "esquisitão" da sala de aula. Todos nós temos o direito de sermos respeitados independente de nossas características.

- Lembre-se sempre: é muito mais "negócio" ser uma pessoa de bem. Por isso, fuja dos "jeitinhos", ou seja, não faça coisas tentando passar os outros pra trás. Isso não é esperteza alguma, é malandragem! Isso sim! E malandragem tem seu preço. Mais cedo ou mais tarde, ela acabará lhe trazendo problemas.

- Pra finalizar: você é uma pessoa maravilhosa, cheia de dons e tem um jeito único de ser. O mundo precisa de você. Seus amigos, parentes e todos que por toda a sua vida cruzarem o seu caminho serão afetados pela sua existência. Como você quer que isso aconteça: para o bem ou para o mal? Com certeza é para o bem, não é?! Então, vamos lá! Comece a colocar em prática cada um dos passos que aprendeu e mude seu comportamento. Você consegue!

versão Hiper-Resumida

Com o bullying, você tá perdendo tempo, jogando fora o talento, o carisma e a inteligência que tem. Use essas qualidades do jeito certo!! Conquiste plateias, sim, mas pra coisas boas. Só então você será realmente admirado.

Um amigão meu tá sofrendo bullying. Como posso ajudá-lo?

Talvez você não esteja sofrendo bullying ou fazendo alguém sofrer, mas, mesmo assim, tá envolvido nele. Como? Presenciando algumas situações em que o fenômeno acontece, ou seja, **sendo um espectador.**

Imagine que você tá numa boa com os seus colegas, quando, de repente, chega um valentão xingando e humilhando publicamente um amigão seu, e você, que não tinha nada a ver com isso, acaba testemunhando essa brutalidade! E agora? O que fazer?

Bem, nem precisamos dizer que a primeira coisa que você vai sentir é um desconforto enorme. Afinal, você não queria fazer parte disso nem de longe! Que situação, hein?!

O problema é que não é "só" o desconforto, você
provavelmente terá outros sentimentos "megadesconfortáveis":

Medo de ser agredido também caso tente impedir que alguém se machuque

Medo de ser DESCOBERTO caso conte a um adulto

- Raiva do(s) colega(s) que agride(m) o(s) outro(s)

- SENSAÇÃO DE IMPOTÊNCIA DIANTE DAQUILO QUE TÁ ACONTECENDO

Como se não bastasse tudo o que você sente "apenas" por estar ali vendo tudo acontecer, geralmente aquele que tá agredindo ameaça os espectadores com frases como: "Se falar pra alguém, você vai ser o próximo da fila!" ou "Pare de olhar, senão vai sobrar pra você também!". Sem contar aqueles que obrigam todos que estiverem assistindo a rir do agredido, mesmo que não aprovem a agressão em si.

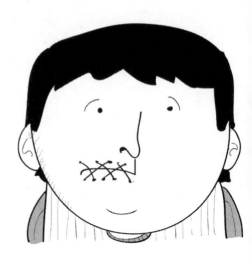

O QUE FAZER, AFINAL?

A nossa dica é: fale, sim, com alguém responsável que possa te ajudar! De preferência, converse com o aluno que foi agredido e combine com ele de fazerem isso juntos. Procurem um professor e/ou seus pais, relatando o que tem acontecido pra que eles possam ajudá-los a sair dessa, porque, se o seu ambiente é invadido por agressões, você também tem sido agredido.

Pense com a gente: você não vai pra escola, pro clube ou pra rua pra assistir cenas bizarras como a que a gente descreveu. Você vai pra se divertir com os amigos, ficar junto com a galera, rir etc.

Então, essa agressão não é só contra aquele que tem sido humilhado, xingado e agredido fisicamente, mas contra você também, pois esse problema tirou a sua paz, acabou com o "clima" de um lugar que você frequenta... Enfim, cortou o barato de todo mundo!

Se você acreditar nas ameaças e ficar quieto, estará fortalecendo aquele que agride e aí, sim, o próximo a ser agredido pode ser você. Falar é libertador e trará a ajuda que você e seus amigos precisam. Pense nisso! Unindo suas forças, vocês serão muito mais fortes que esse valentão!

Versão Hiper-Resumida

Ninguém merece ter que assistir os outros fazendo bullying! A real é que você tá sendo agredido também! Mas **NEM PENSAR** em se meter na briga, amigão! Fale com seus pais ou professores. Não falar é quase como participar. Pra vencer o valentão, abra o bocão!

8
CRIMES NAS ESCOLAS

Não podemos deixar de falar de alguns crimes bárbaros motivados pelo bullying que já aconteceram não só em nosso país como em outros pelo mundo afora. Ultimamente, tornam-se cada vez mais comuns notícias de que um adolescente entrou armado em uma escola atirando em todos que viu pela frente. Você também já deve ter visto isso em algum noticiário ou nos destaques de um *site* qualquer. Por isso, não vamos repetir os detalhes dessas tragédias.

Nossa intenção não é fazer propaganda desses assassinatos cruéis, mas, sim, mostrar a você que eles foram resultado da falta de uma cultura de paz. Muitas das pessoas que cometeram esses crimes não sabiam como reagir àquilo que as incomodava de outra forma que não fosse pela violência. Já aprendemos que a agressividade não é o melhor recurso, aliás, é o pior deles! Basta checar essas histórias na internet pra ver que aqueles que agrediam se deram muito mal: estão mortos ou presos, ou seja, não venceram aquilo que os incomodava, só pioraram tudo.

Ainda que a gente sofra agressões, provocações
e humilhações, nada justifica sairmos por aí nos vingando,
causando dor e até a morte de outras pessoas – mesmo
que sejam aquelas que nos agrediram.

Se pagarmos a violência que sofremos com mais violência, esse
ciclo nunca vai acabar e a Terra vai se transformar num cenário
absoluto de guerra entre todos, pelos mais diversos motivos,
o tempo todo. É preciso romper esse ciclo usando a inteligência
e o poder da argumentação e buscando a ajuda de outros.
Somente assim o bullying poderá verdadeiramente acabar.

Em muitas dessas tragédias, o criminoso só matou porque
não soube agir corretamente na época em que sofria
bullying. Talvez as pessoas que poderiam tê-lo ajudado,
como professores, pais, coordenadores ou diretores,
também não tenham conseguido oferecer essa ajuda.

A pior forma de lidar com as agressões sofridas é guardar
mágoa, raiva, sentimentos de vingança. Isso só alimenta a dor,
não a diminui. Pra não guardar todos esses sentimentos
ruins, é melhor "colocar pra fora", ou seja, falar. Mas fale de
forma assertiva, como explicamos no Capítulo 5. Isso evita
problemas maiores.

Versão **HiPER**-Resumida

Guardar mágoas e alimentar sentimentos de
vingança é a maior bobagem. Acredite: o maior
prejudicado será você, e não a pessoa que
o magoou. Seja esperto, coloque pra fora o que te
incomoda! Engolir sapos estraga a digestão!

9. O que podemos fazer pra prevenir o bullying?

Tudo o que conversamos até agora foi com a intenção de ajudar você a se proteger do bullying, ou a parar de praticá-lo, ou a dar uma mão pra quem sofre com esse problema. Mas, poxa, na verdade, bom mesmo seria se esse problema não acontecesse, concorda?! Será que tem jeito? Claro que sim! Tem, e muito! Mas depende de cada um de nós lutar contra o bullying, trabalhando duro pra evitá-lo.

E AÍ, TOPA O DESAFIO?

Então, vamos lá!

1º Passo pra prevenir o bullying

Muito bem, o primeiro passo é *cuidar de si mesmo*. Como? Cultive pensamentos bons a seu respeito, conheça a si mesmo (tanto suas qualidades quanto seus defeitos), saiba seu valor! Quando sabemos quem somos, não aceitamos facilmente as bobagens que podem dizer por aí sobre nós. Mas isso ninguém mais pode fazer por você.

Portanto, tire um tempinho pra anotar suas qualidades, seus dons, as coisas que você sabe fazer superbem e aquilo em que você acha que é especial. Você não precisa mostrar essas anotações a ninguém, porque o maior interessado é você mesmo! Em seguida, leia com atenção o que você escreveu, dê parabéns a você mesmo (pode ser até em frente ao espelho), comemore o cara ou a garota "gente boa" que você é! Mas não jogue as dificuldades pra debaixo do tapete. Encare-as! Veja seus defeitos como uma lista de desafios, de "coisas a serem melhoradas", e **não** como uma condenação ao fracasso.

Lembre-se de que **todas as pessoas do mundo** têm coisas nas quais são ótimas e outras nas quais não são tão boas assim. O que nos faz vencedores é o jeito como encaramos esses desafios: com disposição pra mudar o que é preciso e crescer. Sem isso, talvez você ache que não tem como resolver seus problemas ou que eles fazem você valer menos. Nada a ver!! Problema é problema, dificuldade é dificuldade, só isso! E você vale muito mais que seus problemas ou dificuldades. Diz aí: Qual a sua opção? Aposto que é a primeira!! É isso aí, valorize suas qualidades, você é daqueles que vão longe. Parabéns!!

Se você quiser, pode usar este espaço pra anotar suas qualidades e dificuldades.

_____

_____

_____

2º PASSO PRA PREVENIR O BULLYING

Depois de olhar pra dentro de você mesmo e descobrir um montão de coisas que nunca tinha percebido, você precisa lembrá-las de vez em quando. Calma... Não estamos te chamando de desmemoriado! É que nós, seres humanos, somos assim mesmo: esquecemos rapidinho tudo de bom que somos quando encontramos alguém que julgamos ser melhor do que nós ou quando alguém nos diz que a gente não é "tudo aquilo".

Por isso, anote firme aí na sua cachola todas as suas qualidades pra que ninguém nunca te faça acreditar que elas não são suas. Ninguém mesmo, nem você! Uma boa ideia é guardar essa listinha (aquela com as suas qualidades) e dar uma relida de vez em quando. Se não escrevemos, esquecemos, e, se esquecemos, infelizmente fica fácil acreditar no contrário.

3° Passo pra prevenir o bullying

Agora que você já sabe quem é e que não pode se esquecer disso, é hora de olhar pra fora do seu umbigo. Isso mesmo: levante a cabeça e dê uma olhada ao seu redor. Repare em seus amigos, observe as qualidades e até as dificuldades deles. Você não precisa fazer uma lista dessa vez; apenas preste mais atenção em quem tá ao seu lado. Fazendo isso, você vai perceber o quanto somos diferentes e como isso é legal.

Já pensou como seria o mundo se todos nós tivéssemos o mesmo tom de pele, o mesmo gosto musical, o mesmo jeito de nos vestir e de comer, as mesmas ideias...? Nossa, que preguiça! Quando entendemos a delícia que é ser diferente, nenhuma briga faz sentido. Afinal, se você gosta de roxo e outra pessoa detesta essa cor, isso não faz de vocês inimigos, apenas pessoas diferentes. Chato, mesmo, é ser igual. Chato e pouco inteligente, porque, quando várias pessoas com ideias diferentes se juntam, o resultado é um monte de ideias ainda melhores! Portanto, olhe à sua volta e curta o diferente!

4º PASSO PRA PREVENIR O BULLYING

A verdade é que, se todos soubessem o valor que têm e respeitassem as diferenças, o bullying não existiria. Infelizmente, as coisas não são bem assim, a gente sabe. Então, o jeito é encarar a real e unir forças pra vencer esse monstro! Um ótimo começo é promover movimentos contra a prática do bullying entre os seus colegas. Se o protesto for na sua escola, você pode procurar seu professor predileto ou a coordenação e dar a ideia de criar um projeto antibullying envolvendo todas as turmas. Você poderá agendar debates sobre o assunto, montar painéis, fazer vídeos e teatros ensinando tudo o que você tem aprendido aqui neste livro e em tantas outras pesquisas que poderá fazer sobre o assunto. Dá pra sugerir a exposição de filmes que tratam desse tema, pra que a turma debata a respeito.

Se o pai ou a mãe de um aluno é psicólogo, por exemplo, você pode convidá-lo pra um bate-papo com a galera, com perguntas diretas e tudo mais. Você pode instalar em sua escola a "Cultura da Paz" – um movimento em favor da gentileza, do elogio, do respeito às diferenças e da tolerância.

E que tal definir um dos valores da lista a seguir como a virtude do mês (ou do bimestre) e, durante esse período, promover conversas e produções (textos, poemas, peças teatrais, músicas, vídeos, cartazes, pinturas etc.) sobre esse tema? Numa dessas, você vai acabar até no noticiário da cidade, por essa iniciativa *show* de bola! Mas lembre-se: isso tudo deve ser feito sempre com a autorização da direção da escola e, de preferência, com o apoio de alguns professores. Vamos lá, agite sua escola!

Os valores são apenas sugestões; há muitos outros que você poderá escolher juntamente com seus amigos e professores. Bom trabalho!

Fique ligado em pessoas que fazem a diferença

Tem muita gente fazendo um ótimo trabalho contra o bullying em todo o mundo, inclusive no Brasil. Veja algumas ideias que têm dado muito certo por aí:

A ONG **Instituto Não Violência**, como o próprio nome diz, tem como objetivo desenvolver e fortalecer uma cultura de não violência entre os jovens. O pessoal do instituto trabalha duro nisso desde 1998, promovendo ações educativas e preventivas dentro das escolas e oferecendo alguns programas e cursos de capacitação pra professores. Converse com seus professores a respeito disso. Acesse:

<http://www.naoviolencia.org.br/home>

Uma das primeiras pessoas a pesquisar o bullying de forma séria aqui no Brasil foi a Drª. Cleo Fante. Ela faz parte do **Centro Multidisciplinar de Estudos e Orientações sobre Bullying Escolar (Cemeobes)**, que também desenvolve um trabalho fantástico contra esse mal. Veja o *site* do Cemeobes e confira de perto esse trabalho! Acesse:

<http://www.cemeobes.com.br>

Queremos indicar ainda a **Plan**, uma ONG inglesa que tem agido com projetos no mundo todo valorizando a criança, o adolescente e seus direitos. Recentemente, a organização lançou uma campanha intitulada "Chega de bullying, não fique calado!", em parceria com a Cartoon Network™, o Facebook® e as ONGs Visão Mundial e Plan International. Vale a pena conhecer, curtir e compartilhar essa ideia! Acesse:

<http://www.plan.org.br>

Versão Hiper-Resumida

Bullying tem solução: **prevenção**! Saiba quem você é! Curta suas qualidades e encare as dificuldades. Registre na cachola tudo de bom que você é! "Desumbigue-se"! Repare nos amigos que tem e curta o diferente. Existem mil coisas pra se fazer quando o assunto é prevenção, mas o maior dos segredos é sempre a **UNIÃO**! Chame seus amigos, professores e pais pra encarar o desafio de acabar com essa roubada que é o bullying!

10 BLÁ-BLÁ-BLÁS
Mitos dos adultos sobre o bullying

Mitos são aquelas ideias, ensinadas de geração a geração, que são algumas vezes utilizadas para explicar certos fenômenos. Existe uma porção de mitos sobre o bullying! Vamos conhecer alguns deles a seguir.

> Sofri bullying e isso só me deixou mais forte. Foi bom eu ter passado por isso.

Muitos adultos acreditam nisso, mas o bullying não deixa ninguém mais forte, nem mais capaz, nem mais feliz, apenas destrói a autoestima. Se o adulto se tornou mais forte, é porque alguém o apoiou, o amou e passou um bom tempo ao seu lado: o pai, a mãe, um amigo especial, um terapeuta, um professor etc. A impressão de que foi bom ter passado por esse problema é equivocada, pois o que houve de realmente bom foi a solidariedade, o apoio, o carinho, as conversas, as reflexões e a certeza de que não estamos sozinhos nos momentos difíceis.

A própria afirmação de que o bullying fortaleceu a pessoa é uma forma de se defender de críticas, uma tentativa de justificar um tempo que não foi bom, usando a chamada "síndrome de Poliana" – achar sempre o lado bom de tudo. Cuidado! A gente não precisa negar o que foi ruim pra estar bem hoje, ao contrário, só conseguimos lidar bem com o presente reconhecendo nosso passado, sem máscaras. Se algo foi ruim, foi. Não precisa pintar de cor-de-rosa uma memória negativa, apenas deixe o passado no passado e siga em frente!

Apesar de muito conhecida, vale relembrar a frase do filósofo Jean-Paul Sartre: "Não importa o que a vida fez de você, mas o que você faz com aquilo que a vida fez de você".

> O bullying que eu sofri não teve efeito nenhum sobre mim. Portanto, não preciso levar tão a sério.

Ninguém passa por repetidas agressões sem ser afetado por elas. O que provavelmente aconteceu foi que aqueles que amavam a pessoa tiveram a sabedoria de fortalecer sua autoestima e a orientaram a não dar valor demasiado às agressões. Ou seja, alguém a ajudou nisso! Como consequência, ela acabou entendendo como encarar o passado de forma positiva.

> ISSO É "FRESCURADA" MODERNA! NA MINHA ÉPOCA, TODO MUNDO SOFRIA OU PRATICAVA BULLYING, E OS ADULTOS NEM SE IMPORTAVAM COM ISSO, POIS SABIAM QUE ISSO LOGO IA PASSAR.

Na geração de nossos avós e nossos pais, não havia pesquisas que pudessem servir de alerta aos pais e professores quanto às consequências que o bullying podia trazer às crianças e aos jovens. Portanto, não temos como afirmar quantos bisavós, avós e até mesmo pais foram marcados em suas emoções por agressões que hoje têm nome, pesquisas e bibliografia a respeito. Ou seja, não era "frescurada" – eles apenas não tinham como nem a quem pedir ajuda.

> *Isso é só uma fase, vai passar.*

Pensar que o bullying logo passa e não fazer nada não é uma boa ideia pra quem tem sido agredido. Como já conversamos, o silêncio de quem recebe agressões dá forças a quem agride, pois o perseguidor tem a impressão de que nada irá acontecer com ele e que, por isso, poderá continuar incomodando. A melhor atitude é falar com alguém, pedir ajuda.

> *Meu tio sofreu bullying e chegou a se tornar capitão do Exército.*

Muito bem, mas e quem garante que, se não tivesse sofrido bullying, ele não teria se tornado general? Nenhum sucesso pode justificar o erro. Bullying é comportamento inaceitável, errado, não construtivo e deve ser sempre combatido pela sociedade. Valorizar o sucesso em uma pessoa que sofreu bullying justificando que seus efeitos foram nulos é subestimar os efeitos da agressão. Além disso, quem sofreu bullying pode ter sequelas que não são visíveis e que podem, sim, ter atrapalhado na conquista de um sucesso ainda maior.

> O bullying só existe porque o adolescente ou jovem já tem algum tipo de problema, pois permite os ataques, não reage.

A reação normalmente piora a situação de quem tá sendo agredido. Ninguém "permite" algo que não é desejado nem solicitado. Quando uma pessoa é ameaçada, ela fica com tanto medo que a ausência de reações não é fruto de planejamento, mas resultado de uma forte convicção de que não devolver as agressões é melhor. É defesa, não covardia. É proteção, não fraqueza.

> **Muitas crianças "pedem" pra serem agredidas, pois provocam os colegas.**

É verdade que alguns jovens provocam as agressões, pois não sabem medir a dimensão do contra-ataque nem preveem corretamente as consequências de suas atitudes. Ainda assim, isso não justifica a violência nem dá legitimidade àquele que pratica o bullying. Não se resolve um problema criando outro nem se corrige alguém com novas agressões. As pessoas provocadas, nesse caso, devem buscar ajuda.

Esse argumento pode ser derrubado por outro do mesmo tipo: "Esgoto a céu aberto sempre existiu. Não sei por que estão querendo acabar com isso agora". É óbvio que podemos erradicar o bullying, pois agora há pesquisas mostrando causas, consequências e métodos preventivos relacionados a esse problema. Antigamente, nem nome ele tinha.

> *Sofri bullying quando criança e vou ter que suportar as consequências pelo resto de minha vida.*

As consequências existem, mas podem ser reduzidas ou até eliminadas. O primeiro passo é que a pessoa "se desfaça das mochilas que não pertencem a ela", que pare de carregar essa mágoa, essa raiva e essa baixa autoestima que pesam sobre seus ombros. Se alguém foi humilhado ou rejeitado, quem deveria sentir remorso é quem agrediu, e não quem foi agredido. Talvez essa pessoa fosse ainda criança ou adolescente quando tudo aconteceu e não se mostrasse capaz ainda de dominar a ferramenta mais eficaz de combate ao bullying: a argumentação.

Então, pra que sofrer com isso por mais tempo? Se a pessoa agredida é jovem ou adulta, é capaz de argumentar e contra-argumentar sobre qualquer tipo de acusação que porventura receba. A pessoa deve se libertar do passado, porque ele não volta, e seu poder e influência só se fazem presentes se a pessoa permitir. Diante de lembranças de episódios traumáticos, como o bullying que sofreu, a pessoa deve decidir não se entregar a elas, deve tomar as rédeas de seus pensamentos e colocar o passado no passado! Sabemos que não é fácil iniciar esse processo de cura, mas é necessário pra que se possa viver a vida com mais leveza.

Versão Hiper-Resumida

Não acredite em tudo o que dizem por aí! Agora, você tá mais esperto do que nunca sobre o bullying, então não caia na ilusão de que passar por esse tipo de problema vai te deixar fortão, que "não dá nada" ou que é pura "frescurada".

Nossa história

Marcos Meier

No início da adolescência, eu já era muito maior do que meus colegas da escola, muito mais magro e muito branco. Essas características me faziam ser "o diferente" e toda a turma tirava sarro de mim. Aliás, toda a escola!

Minha entrada no pátio da escola tinha trilha sonora: um coro cantava "pau de catar laranja, espanador da lua, perna de vela, queijo branco, urubu branco, garça, girafa, Monte Everest"... A criatividade do pessoal da escola parecia não ter limites! Minha tristeza só aumentava. No início, os poucos amigos que eu tinha ainda ficavam ao meu lado. Um ou outro dizia: "Não ligue, Marcos, eles são uns bobões". Mas logo eles também começaram a ser atingidos, pois lhes diziam que amigo de urubu também é urubu. Fiquei sozinho. Eu calculava a hora certa de sair de casa pra chegar no exato momento em que o sinal batia. Quando as aulas terminavam, corria pra casa.

As festas de aniversário eram motivo de muita ansiedade, alegria e diversão pra todos, menos pra mim. Eu não era nem convidado. A única de que eu não tive como escapar ocorreu na própria sala de aula e foi terrível: os meninos convidavam as meninas pra dançar. Mesmo sem saber dançar, tomei coragem pra convidar uma colega de turma e ouvi como resposta um "Você é muito alto!", e nada mais. Não desisti, convidei outra e a resposta foi: "Não dá não, ia ficar ridículo!". Então desisti. Voltei pra sentar ao lado de outro também considerado "esquisito" e ali ficamos, em silêncio. A dor de cada um era o único som que nossos corações ouviam enquanto a música fazia dançar cada um dos outros colegas de turma.

Aprendi a ficar sozinho, a me esconder nos livros, a sentir na pele o que a exclusão faz. Comecei a ter ideias suicidas – talvez as pessoas não se incomodassem tanto se eu não existisse; quem sabe, o mundo fosse um lugar melhor de se viver se o cara esquisitão saísse dele. Chorava escondido em casa, pra que nem meus irmãos nem meus pais descobrissem que algo estava errado, pois eu sentia que o errado era eu mesmo, que a "culpa" era somente minha.

Meu fim poderia ter sido trágico se não fosse o apoio da família. Uma tia me abraçava sempre que me via e dizia: "Uau, como homem alto é gato!". Eu não acreditava, mas era o que aliviava meu coração. Minha mãe demonstrava seu carinho e admiração por mim e equilibrava tudo o que eu ouvia na escola com elogios de todos os tipos. Meus irmãos, parecidos fisicamente comigo, eram a esperança de que eu não estava sozinho. E tudo isso me salvou.

Mas não foi tão fácil, não! Levei muito tempo pra entender que aquilo que eu ouvia não era verdade e perceber o real valor que tenho. Hoje, eu curto meu jeito, meu tamanho e tudo mais. Sou feliz, realizado e busco novos desafios, acreditando que sou capaz. Mas sei que nem todas as pessoas tiveram a mesma sorte. Sofrem até o fim da vida por não acreditarem em si mesmas e, lá no fundo das suas almas, não se acham competentes o suficiente. O bullying não deixa ninguém mais forte, nem mais capaz, nem mais competente. A autoestima é resultado de uma família que apoia, de amigos solidários, de terapia, de reflexões profundas e de uma conscientização em relação à vida, aos seus valores e princípios. Em outras palavras, a força é resultado da recuperação, do renascimento das cinzas, do trabalho interno de resgate do valor próprio. Não do ataque, mas da defesa; não da agressão, mas da solidariedade; não dos xingamentos, mas da reconstrução da autoconfiança.

Cabe a cada um de nós recusar o fracasso e as influências do nosso passado ruim e usar tudo pra sermos mais maduros e felizes. Por isso, transforme dor em compreensão e auxílio pra outras pessoas no futuro.

Jeanine Rolim

Minha experiência com o bullying começou bem cedo: no "prezinho", quando eu tinha 5 anos de idade! Eu e minha família morávamos em uma cidadezinha do interior do Paraná, daquelas onde todos se conhecem.

Meus pais davam duro pra manter meus dois irmãos mais velhos e eu na melhor escola particular da cidade, onde só estudavam os filhos dos ricos. Bom, não só dos ricos, porque meus irmãos e eu não éramos nada ricos – éramos filhos dos diretores do orfanato da cidade. Dormíamos, comíamos e vivíamos com outras dezenas de crianças órfãs ou abandonadas, sem qualquer tratamento diferenciado. Mas meus pais acreditavam que a educação era a melhor herança que os filhos podem receber.

Na escola, nossos colegas estavam sempre rindo de uma ou outra roupa que eu usava sobre o uniforme – especialmente casacos de inverno. Eram roupas que o orfanato recebia de um grupo de alemães. Todo ano, mandavam contêineres cheinhos de doações. Todas as pessoas da cidade sabiam quando chegava o contêiner dos "flagelados" – como era chamado. Mas as roupinhas eram legais, não tinham nada de errado. Aliás, hoje sei que essas roupas eram muito melhores que as dos meus coleguinhas ricos. Mas, quando eu era uma menininha, as coisas não eram assim tão claras. Lembro-me, como se fosse hoje, dos risos e dedos apontados em minha direção acompanhados de gritinhos do tipo "Olha lá, a flagelada!!". Eu não sabia o significado das palavras, mas o olhar de desprezo daquelas crianças era suficiente pra me magoar.

Mas a história não acaba por aí, não. Pior, mesmo, era a forma como a professora me tratava. Tudo era motivo pra humilhações diante da minha turma. Lembro-me do dia em que levei pra professora um pãozinho de fôrma que minha mãe fazia carinhosamente numa lata de sardinha toda vez que assava "pão de casa" (isso era comum antigamente). Eu tinha apenas 5 anos e aquele era o meu "pãozinho especial". Quando fui toda feliz entregar pra ela o presente que havia levado, ela disse de forma áspera, afastando o pãozinho com desprezo: "Hoje não é dia de pão! Sua mãe não viu o cardápio? Hoje é dia de bolo!!". Tentei agradá-la oferecendo um "mimo" e acabei levando uma bronca na frente de todo mundo. Todos riram – da mesma forma que riam das minhas roupas alemãs – e eu chorei.

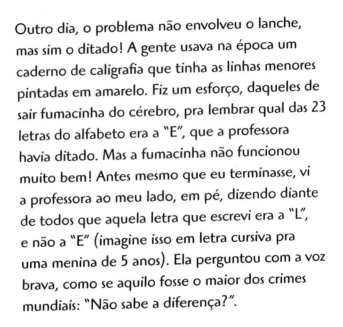

Outro dia, o problema não envolveu o lanche, mas sim o ditado! A gente usava na época um caderno de caligrafia que tinha as linhas menores pintadas em amarelo. Fiz um esforço, daqueles de sair fumacinha do cérebro, pra lembrar qual das 23 letras do alfabeto era a "E", que a professora havia ditado. Mas a fumacinha não funcionou muito bem! Antes mesmo que eu terminasse, vi a professora ao meu lado, em pé, dizendo diante de todos que aquela letra que escrevi era a "L", e não a "E" (imagine isso em letra cursiva pra uma menina de 5 anos). Ela perguntou com a voz brava, como se aquilo fosse o maior dos crimes mundiais: "Não sabe a diferença?".

Tremendo de medo (e vergonha), peguei a borracha e rapidinho comecei a apagar, afinal, tudo indicava que eu havia errado. Quando terminei a manobra, a professora estava novamente ao meu lado, como uma fria estátua gigante, e me disse: "Mas que borradeira, olha que feio ficou esse caderno. Cadê o amarelo da linha? Você deixou essa linha sem cor!!". Uau, esse devia ser o segundo maior pecado mundial, eu concluí.

Espertinha, puxei de uma vez meu lápis amarelo e devolvi a cor à linha, já que isso era tão importante pra "profe". Mas adivinhe o que aconteceu... O lápis "de escrever" não conseguia marcar o traçado das letras em cima do lápis de cor. "Oh, não, agora, sim, é que a coisa vai ficar preta!" – pensei eu. E ficou! Levei a terceira bronca do dia, dessa vez por ter sido criativa demais e pintado a tal da linha.

A vontade era a de desistir de aprender. Mas, apesar de sofrer muito, não desisti! Tinha nos braços de meus pais e de uma coordenadora muito carinhosa e compreensiva o refúgio e incentivo de que precisava. Em quase metade dos dias de aula, eu vomitava assim que chegava à escola. Era meu jeito de fugir daquilo tudo e ficar segura na "sala do soninho". Lá não tinha risos, zombaria e humilhações. Só cafunés e a atenção que eu desejava até embalar no sono e ir pra bem longe dali.

Ao voltar pra casa, o refúgio continuava! Encontrava minha mãe empolgada com um livro na mão, rindo e sorrindo a cada pedaço que lia. Quis logo saber o que era e, ali, sentada em seu colo, aprendi a decifrar as letras. Sem linhas amarelas ou broncas, apenas rodeada de histórias, mundos e personagens divertidos que pouco se importavam com a cor da linha em que eu escrevia. Pouco a pouco, comecei a criar minhas próprias histórias, com personagens inventados por mim e, hoje, esse é meu mundo: escrever livros, como este aqui!

Todas as pessoas podem dar um novo significado às suas histórias e reverter o sofrimento em sucesso, a tristeza em alegria. Boa sorte!

Comentários dos autores

O relato da Jeanine nos mostra claramente o que o corpo de uma criança que sofre agressões pode fazer: desenvolver sintomas. O vômito era a forma de fugir das agressões. Muitas crianças que sofrem bullying apresentam sintomas parecidos. Dores de cabeça, náuseas, choro etc. são tentativas de fuga. Prestar atenção nas mudanças de comportamento de uma criança em relação à escola pode prevenir problemas maiores.

A forma como Jeanine superou os problemas com o bullying fica evidente quando ela fala de sua mãe. O carinho, a dedicação à leitura e o incentivo possibilitaram à filha a construção de uma autoestima melhor. Por isso, não se esqueça: crianças precisam de ambientes acolhedores e de pessoas que as amam de verdade, como os pais da Jeanine.

A falta de sensibilidade da professora em lidar com as dificuldades de uma criança não pode estar presente em nenhum educador. Professores precisam educar com amor. Podem criticar, mas com cuidado e respeito. Podem ser exigentes, mas sempre acreditando no potencial das crianças.

Professora bem diferente dessa tornou-se a própria Jeanine anos mais tarde, quando transformou toda a bagagem adquirida na vida em conhecimento pra ajudar seus alunos.

E com você, como tudo aconteceu? Conte sua história!

Lembra que falamos de você ajudar em nossa luta contra o bullying? Então, esta é a sua chance: que tal contar sua história pra gente? Talvez você tenha sofrido, praticado ou presenciado o bullying ou pode ser que, até sem ter feito parte desse problema, você tenha tomado a iniciativa e agilizado projetos preventivos em sua escola, em seu prédio ou em seu bairro. Enfim, se algo que aprendeu neste livro o ajudou a livrar-se do bullying, conte pra gente! Sua história poderá ajudar muitas outras pessoas.

Escreva pra marcosejeanine@gmail.com
e ajude-nos a construir uma nova cultura:
a cultura da paz!

Esperamos seu *e-mail*!

Recomendações de leitura

Você lembra que dissemos, na apresentação, que este livro também foi feito em uma versão pra pais e professores? Pois é: *Bullying sem blá-blá-blá* trata com mais profundidade sobre o tema e orienta o público adulto quanto às atitudes que deve ter nas escolas e em casa quando ocorre bullying. É um livro mais completo, com teorias e reflexões científicas baseadas em pesquisas. Caso você queira se aprofundar no assunto, fique à vontade: leia o livro e peça ajuda caso precise entender melhor uma ou outra parte mais complexa.

REFERÊNCIAS

BRASIL. Constituição (1988). **Diário Oficial da União**, Brasília, 5 out. 1988. Disponível em: <http://www.planalto.gov.br/ccivil_03/constituicao/constituicao.htm>. Acesso em: 15 fev. 2013.

CALHAU, L. B. **Bullying**: o que você precisa saber – identificação, prevenção e repressão. 2. ed. Niterói: Impetus, 2010.

COLLINS, S. **Jogos vorazes**. Rio de Janeiro: Rocco, 2010. v. 1.

FANTE, C.; PEDRA, J. A. **Bullying escolar**: perguntas e respostas. Porto Alegre: Artmed, 2008.

LOPES NETO, A. A. Bullying: comportamento agressivo entre estudantes. **Jornal de Pediatria**, Rio de Janeiro, v. 81, n. 5, p. 164-172, 2005.

MEIER, M.; ROLIM, J. **Bullying sem blá-blá-blá**. Curitiba: InterSaberes, 2013.

OLWEUS, D. **Bullying at School**: What We Know and What We Can Do. Oxford: Blackwell Publishing, 1993.

TOGNETTA, L. R. P. Violência na escola: os sinais de bullying e o olhar necessário aos sentimentos. In: PONTES, A.; LIMA, V. S. de. **Construindo saberes em educação**. Porto Alegre: Zouk, 2005. p. 11-32.

TOURINHO, E. Z. Estudos conceituais na análise do comportamento. **Temas em Psicologia da SBP**, v. 7, n. 3, p. 213-222, 1999. Disponível em: <http://pepsic.bvsalud.org/pdf/tp/v7n3a03.pdf>. Acesso em: 8 abr. 2013.

VEZZULLA, J. C. **Teoria e prática da mediação**. Curitiba: Instituto de Mediação e Arbitragem do Brasil, 1998.

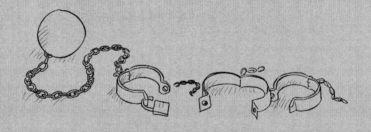

Impressão:
Abril/2019